NUMBER TRACING PAPER

This book belongs to

1

1

2

2

3

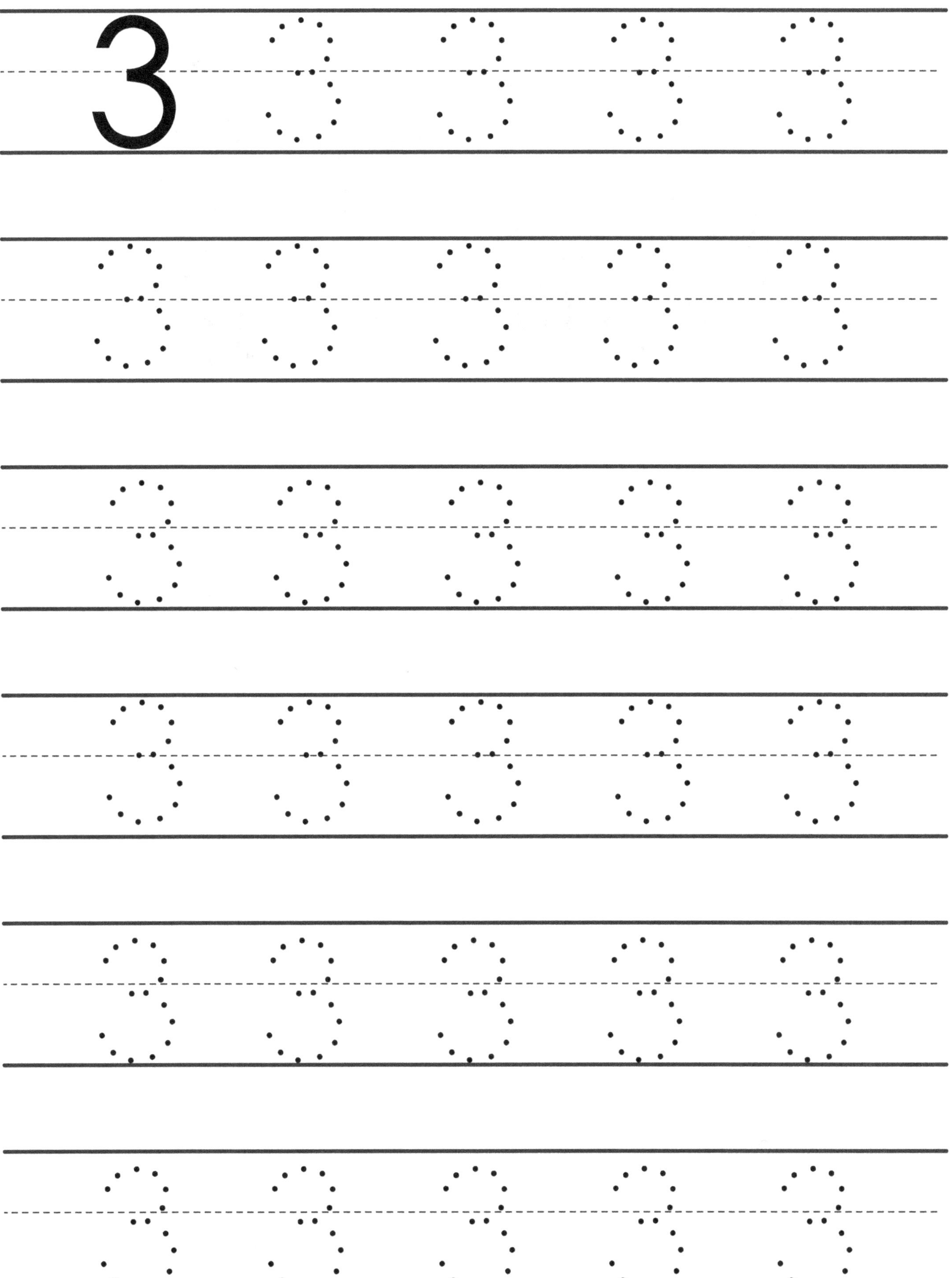

4

4

5

5

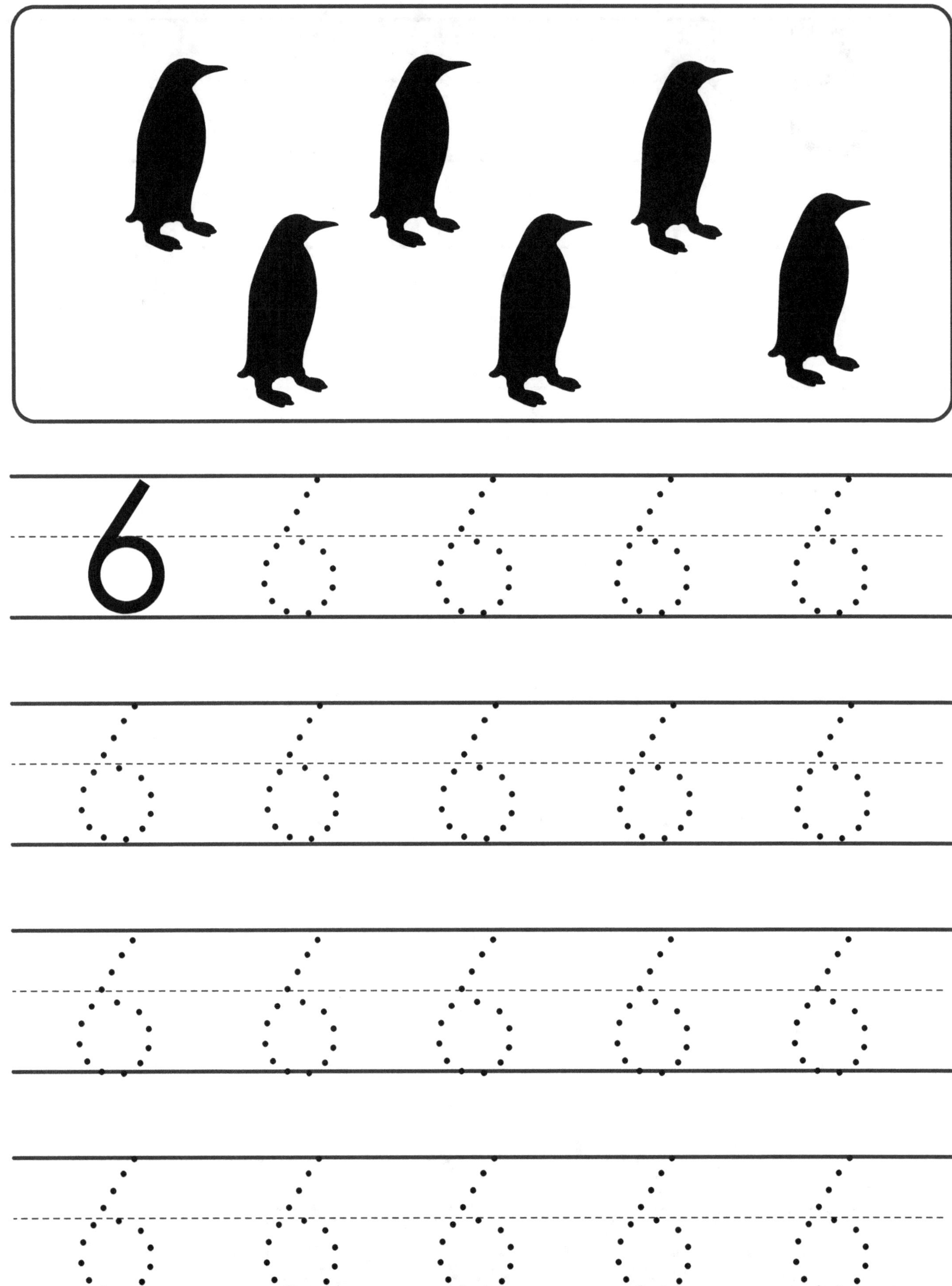

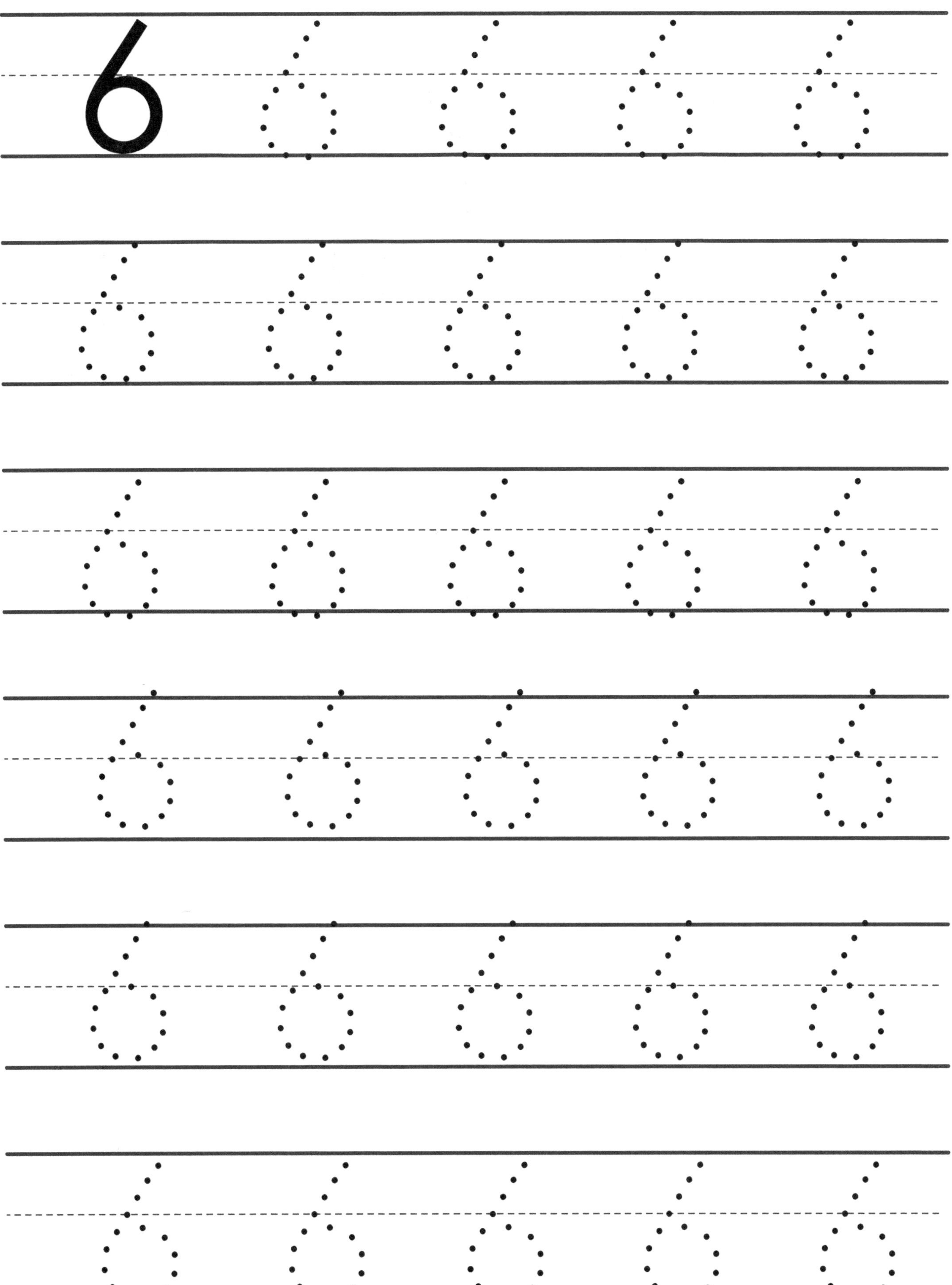

7

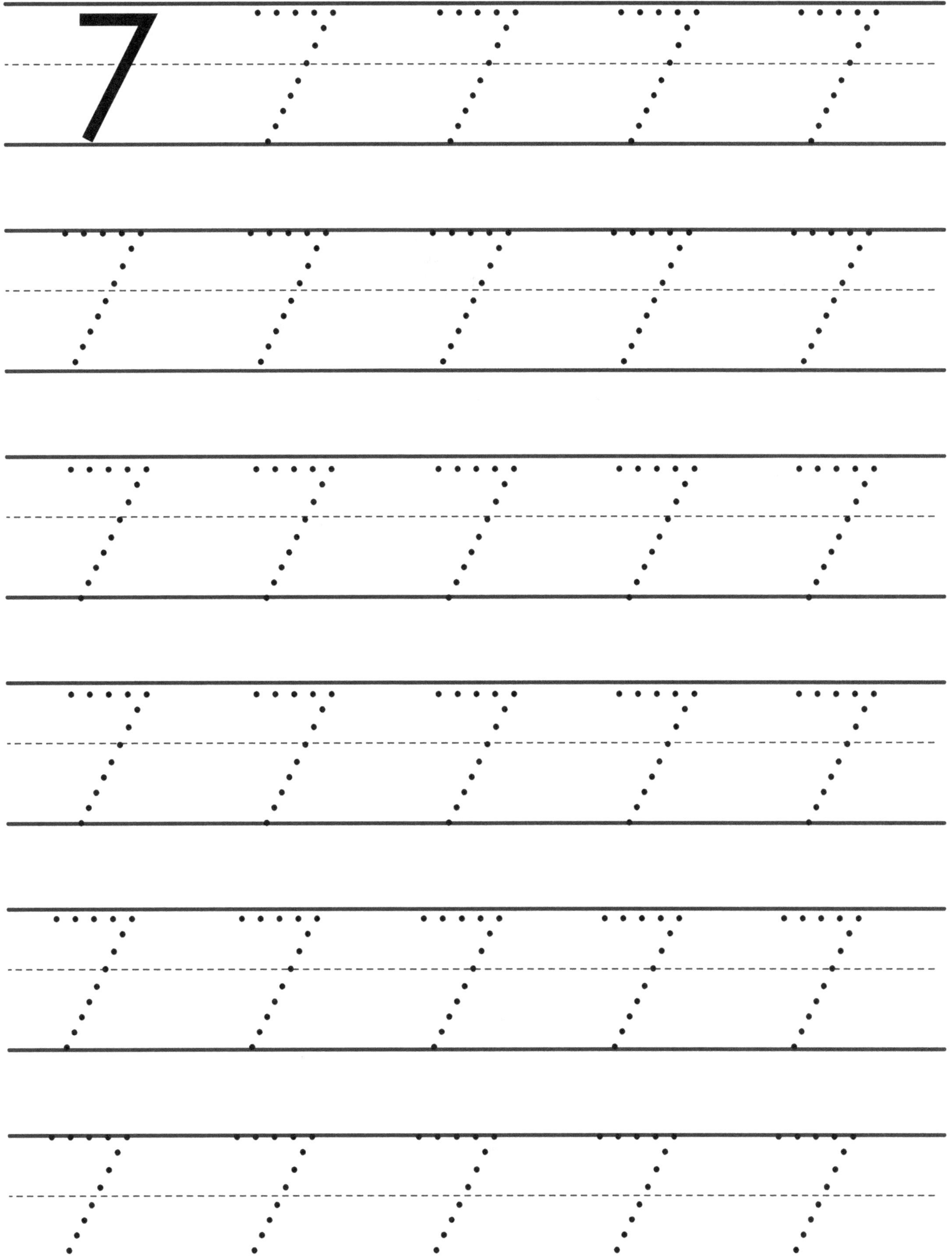

8

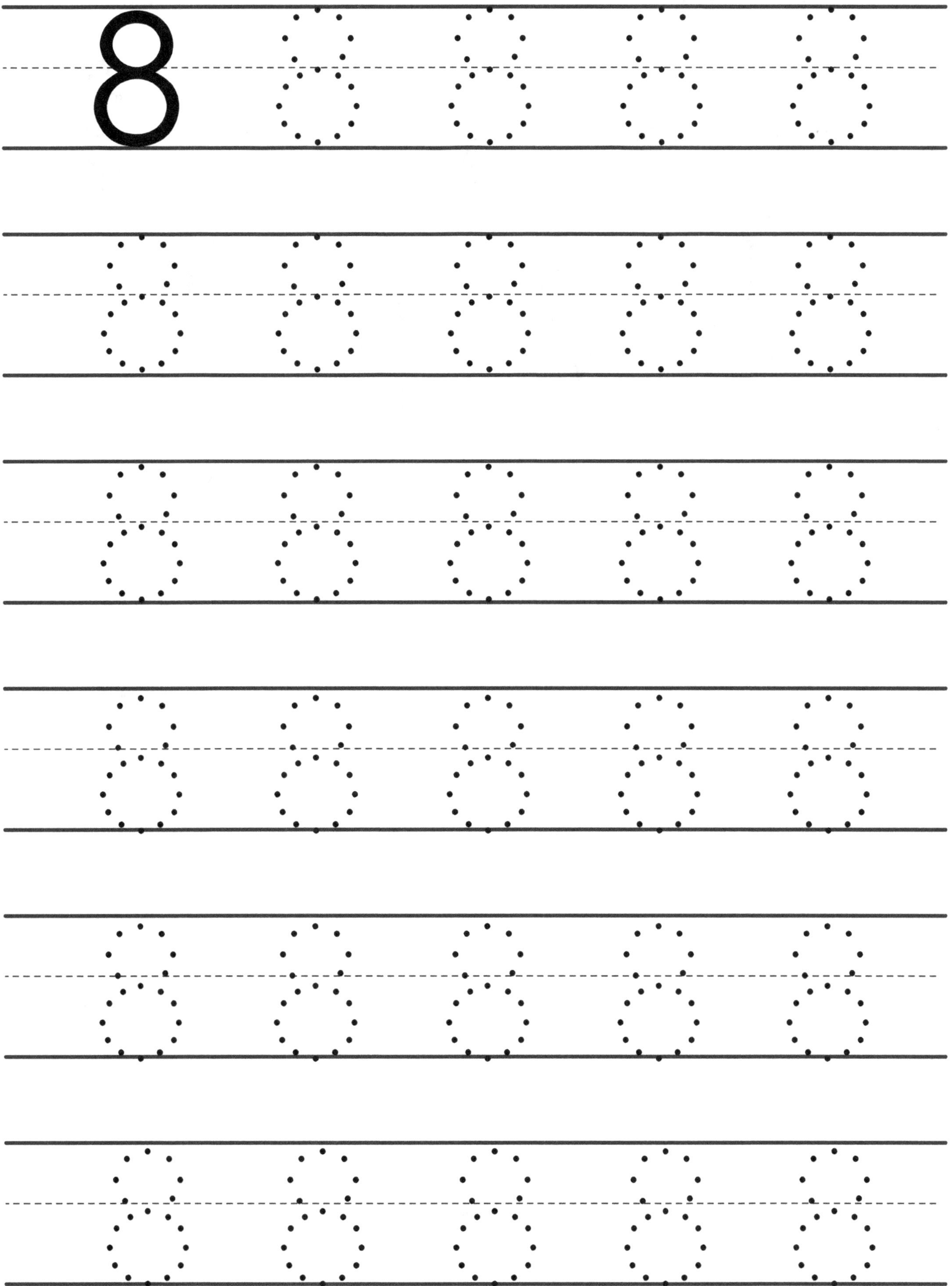

9

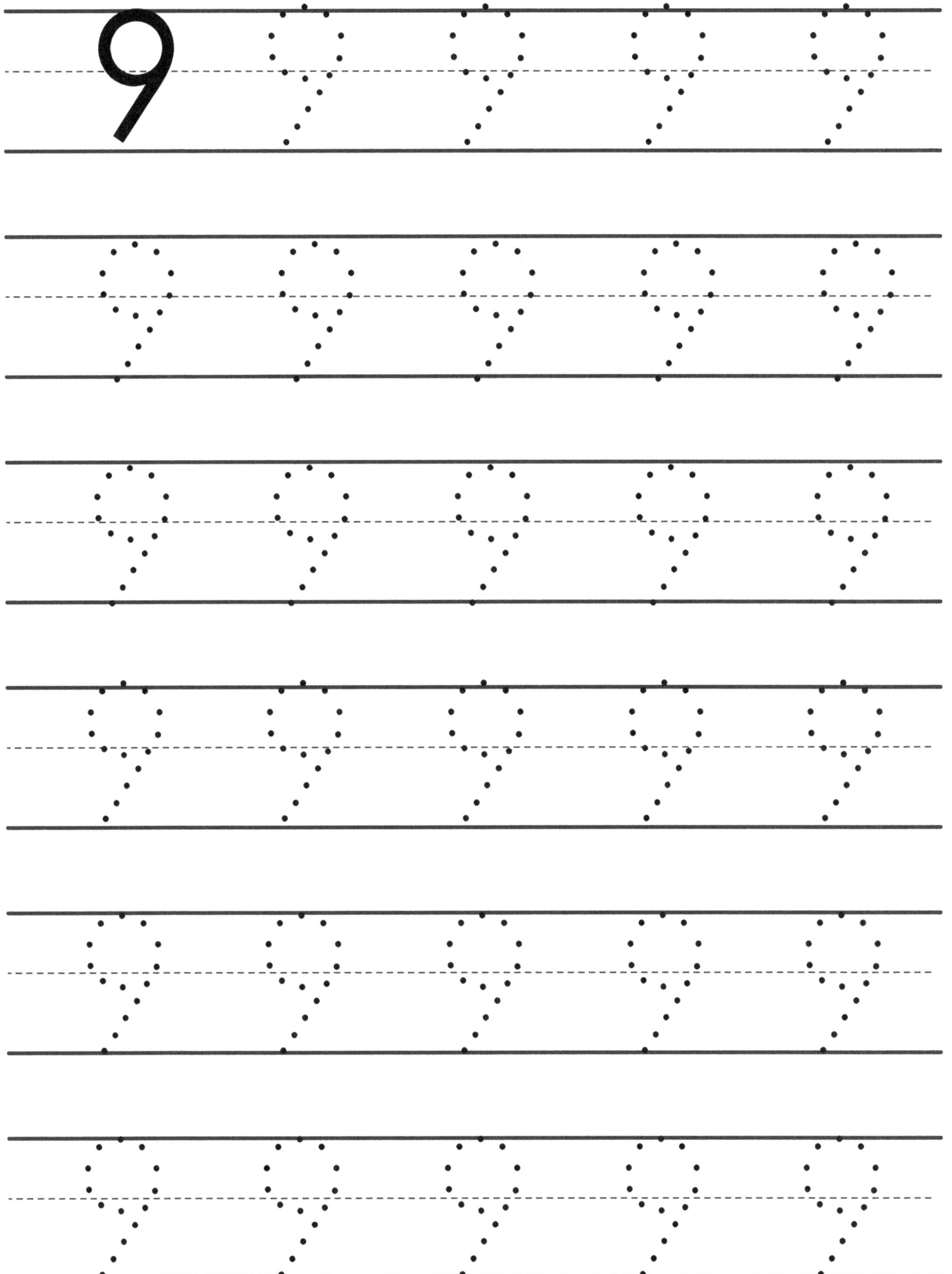

10

10 10 10 10

10 10 10 10 10

10 10 10 10 10

10 10 10 10 10

10 10 10 10

10 10 10 10 10

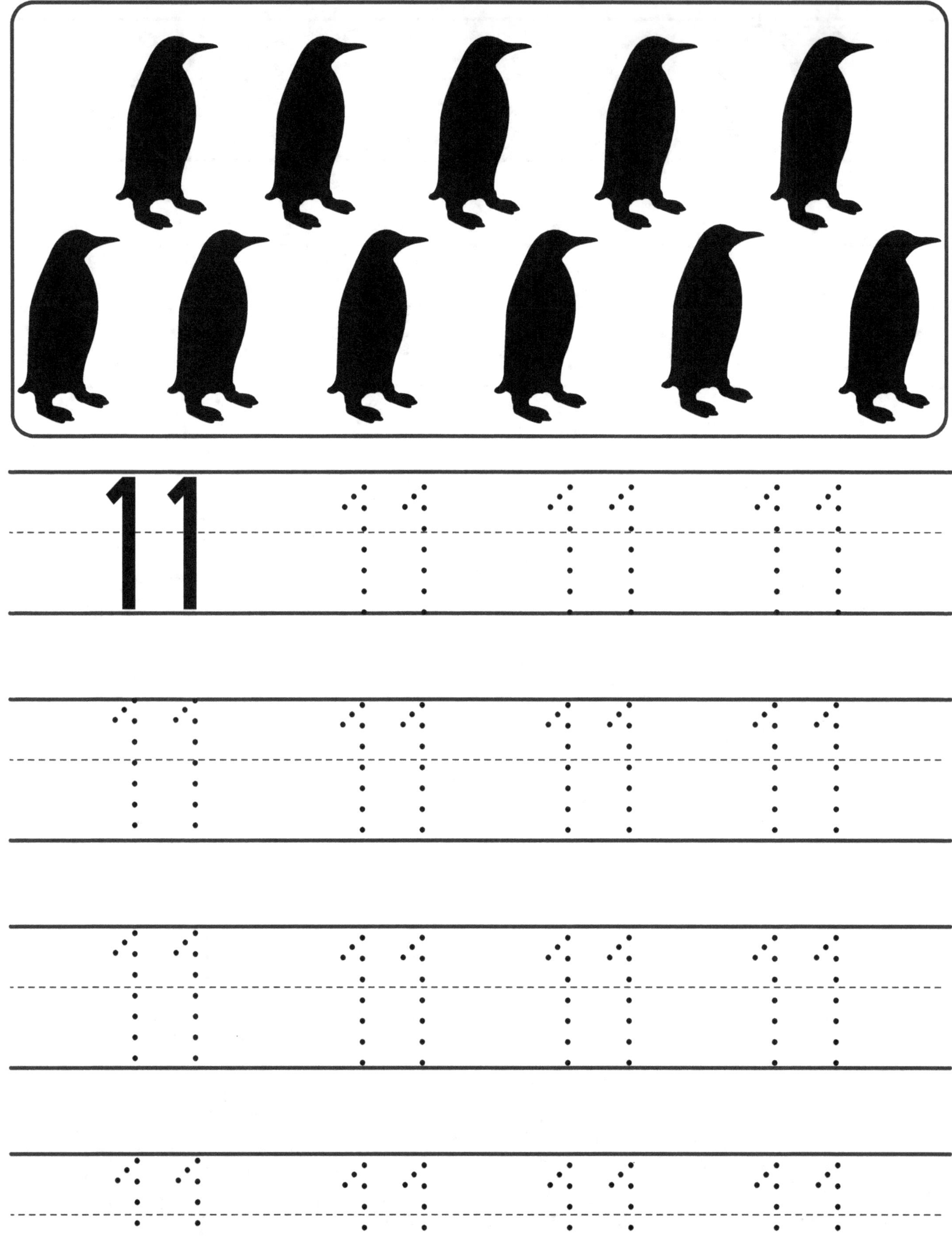

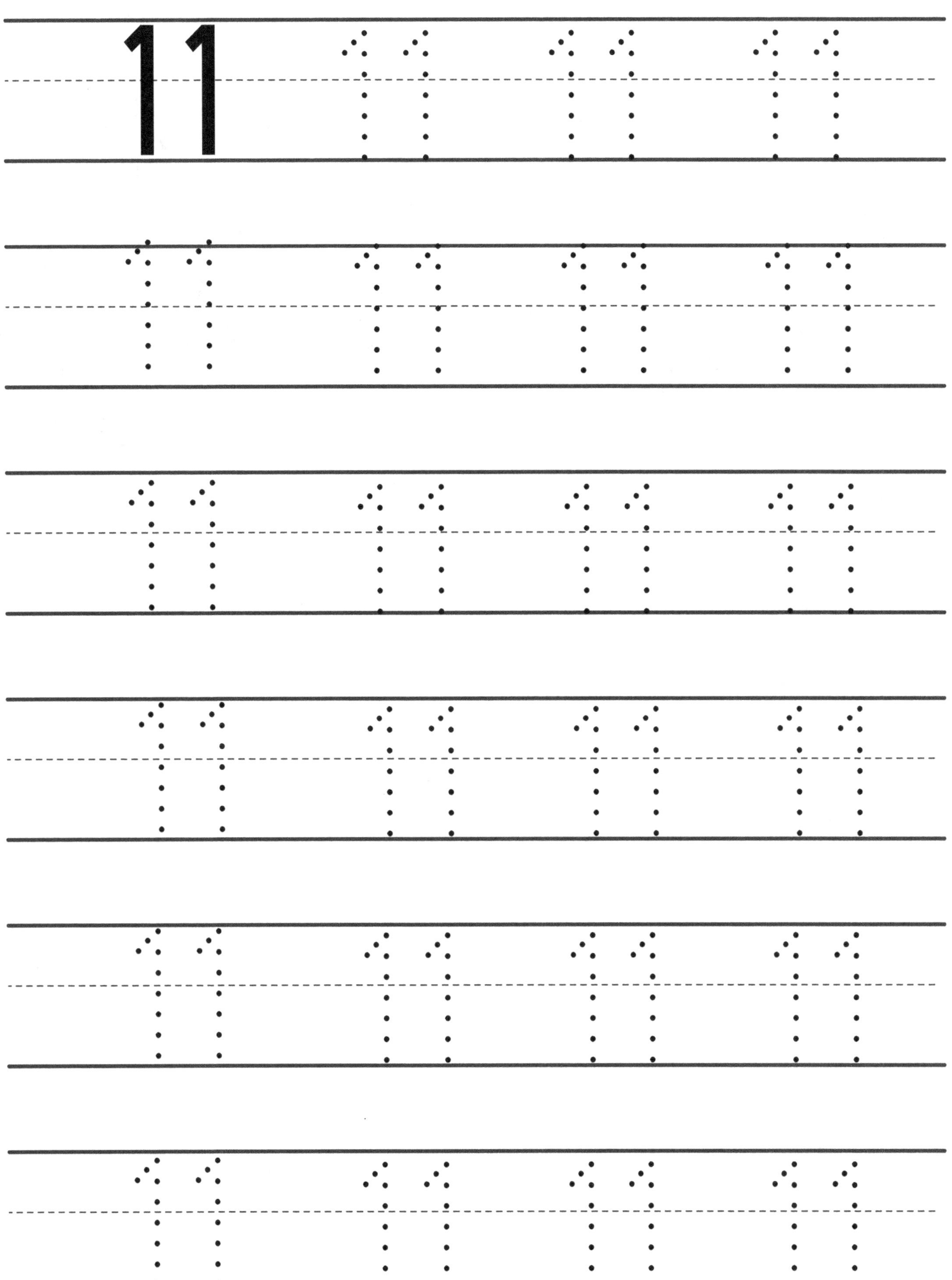

12

12

13

13

14

14

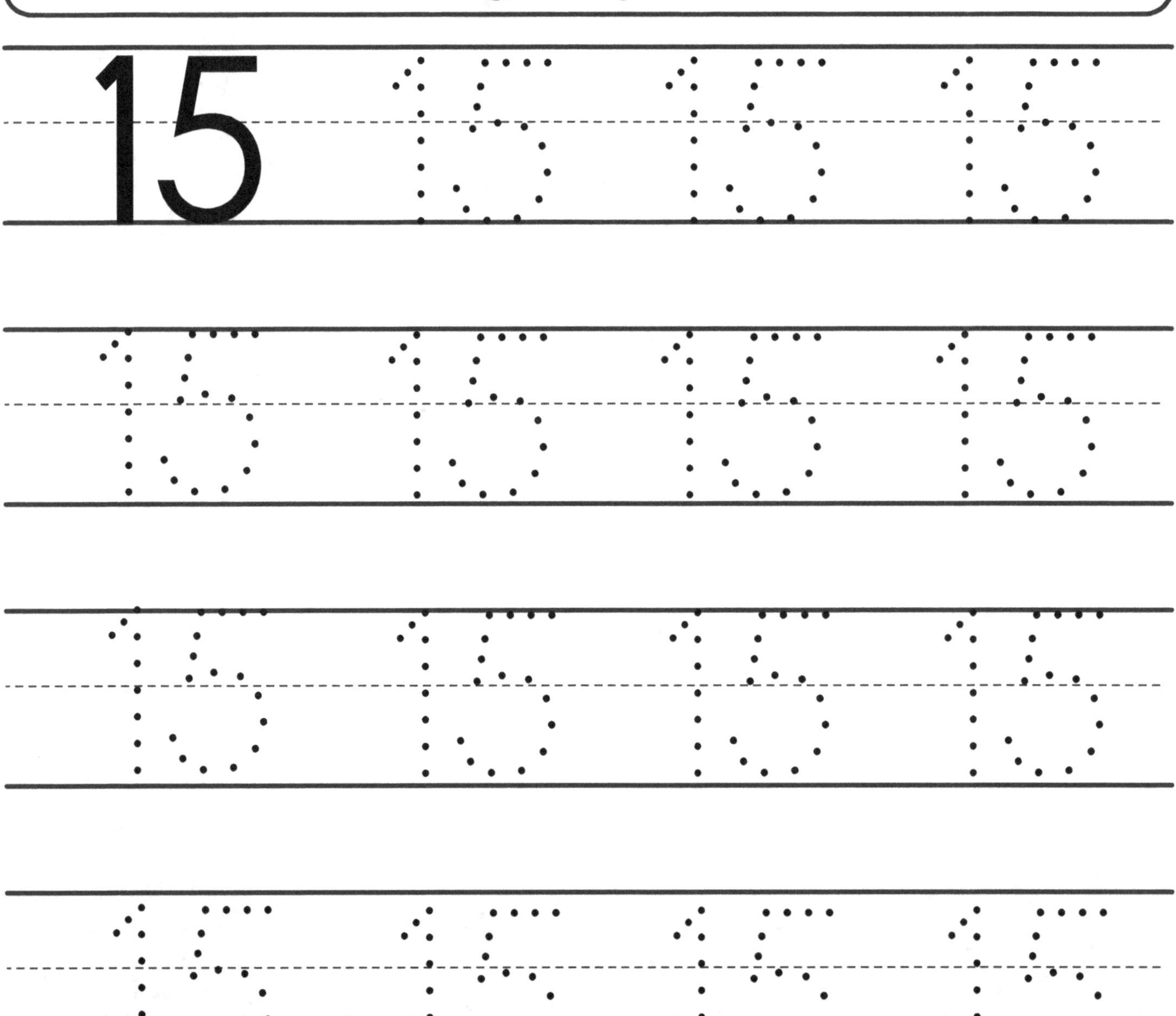

15

15

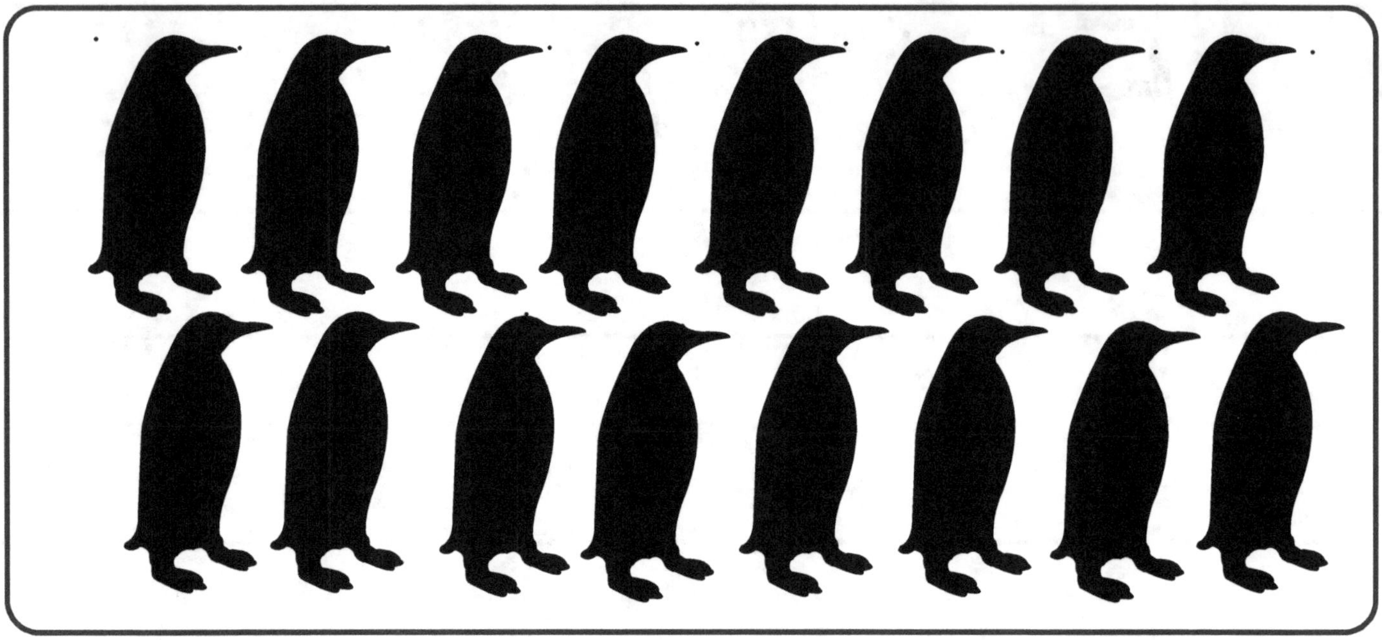

16

16

17

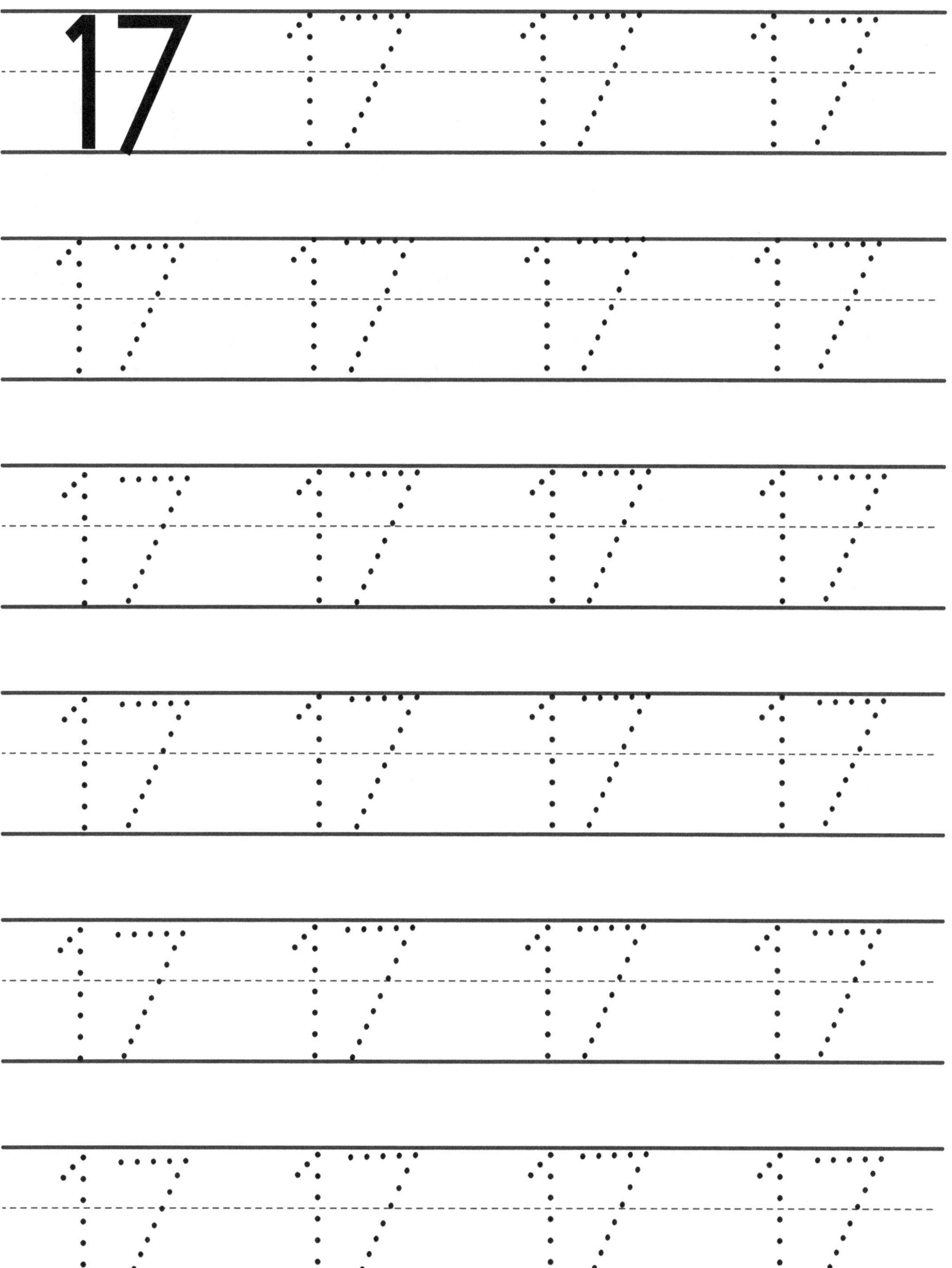

18

18

19

19

20

20

20 20 20 20

20 20 20 20

20 20 20 20

20 20 20 20

20 20 20 20

20 20 20 20

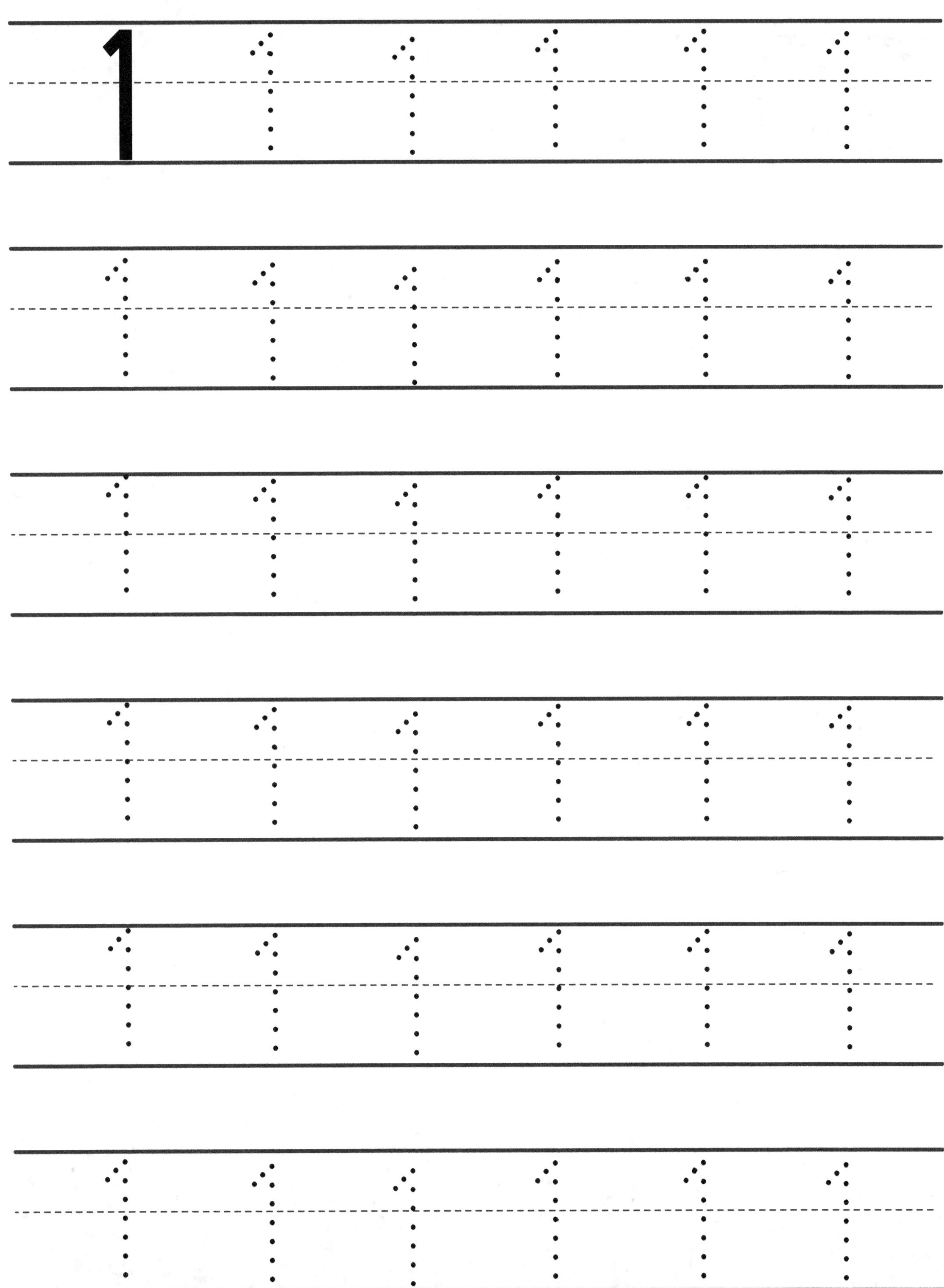

2

3

4

5

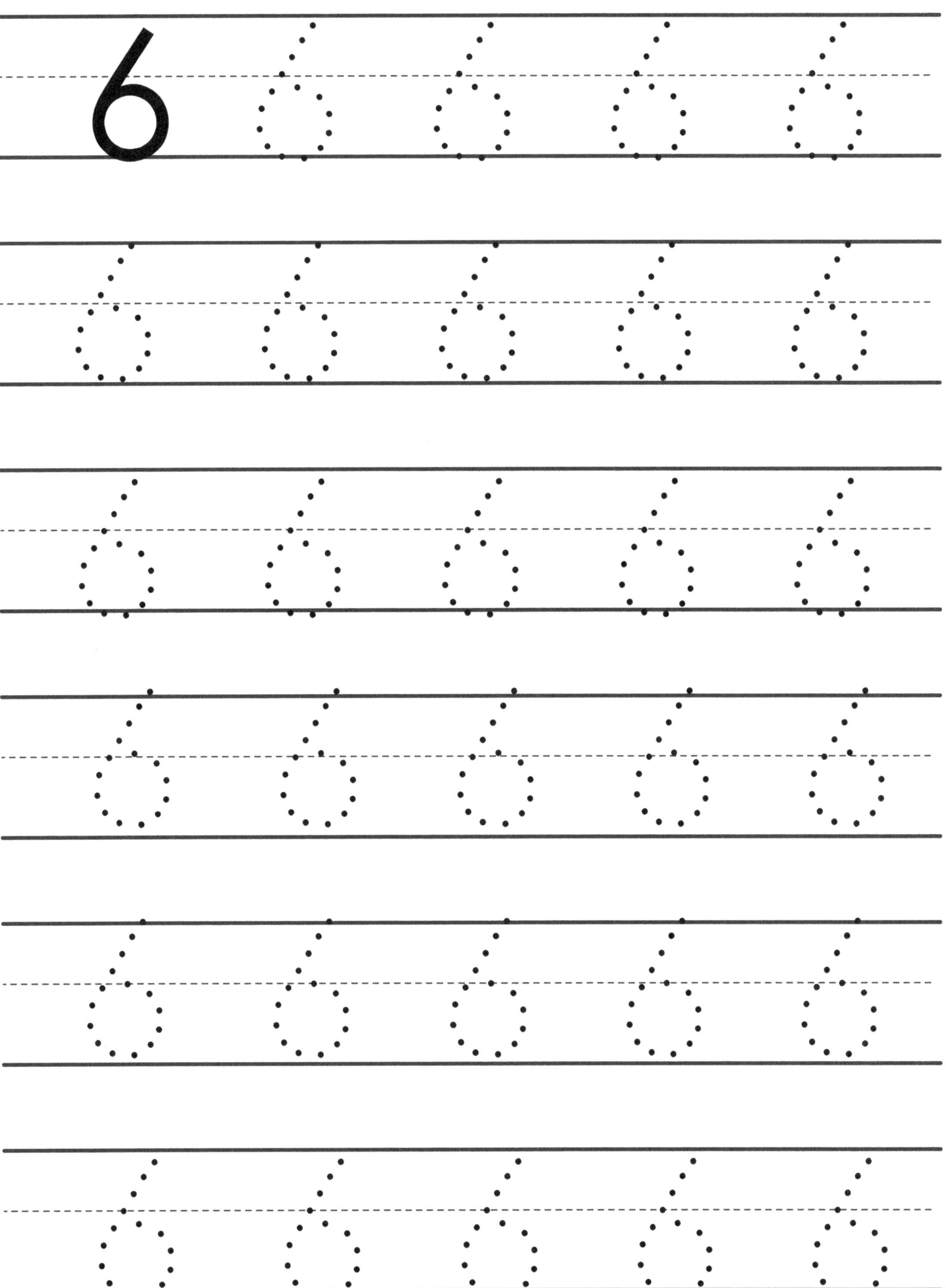

7

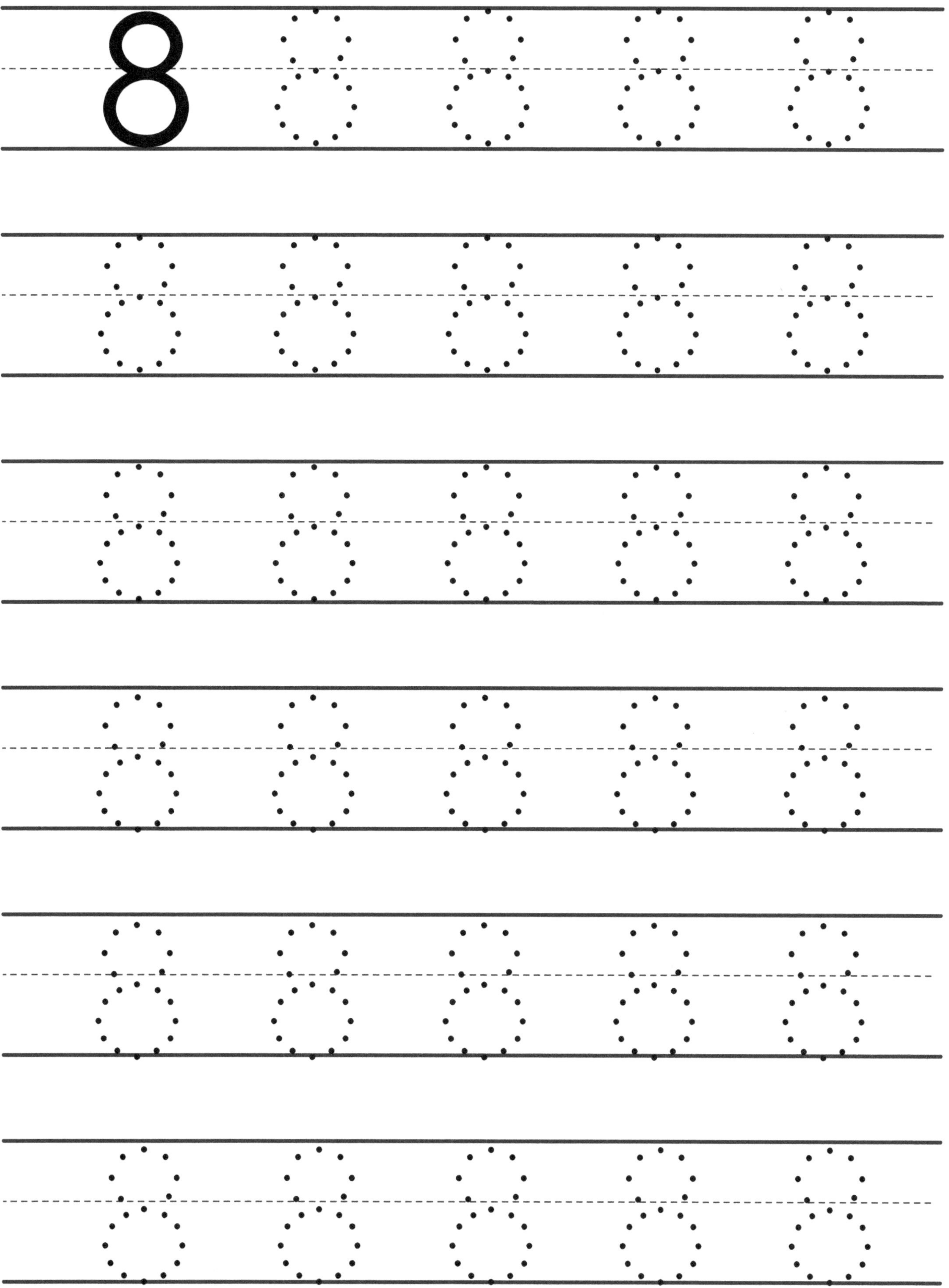

9

10

10 10 10 10

10 10 10 10 10

10 10 10 10 10

10 10 10 10 10

10 10 10 10 10

10 10 10 10 10

11

12

13

14

15

16

17

18

19

20 20 20 20

20 20 20 20

20 20 20 20

20 20 20 20

20 20 20 20

20 20 20 20